Hessische Landeszentrale
für politische Bildung

HESSEN

Blickpunkt Hessen

Antje Dertinger

Ein ermutigendes Frauenleben: Elisabeth Selbert

Nr. 23 / 2020

Ein ermutigendes Frauenleben: Elisabeth Selbert

Verfasserin:

Antje Dertinger, aus Norddeutschland stammend, lebt seit den Sechzigerjahren im Rheinland. Ursprünglich Zeitungsredakteurin, dann freie Text- und Fotojournalistin. Ab Anfang der Achtzigerjahre zahlreiche biografische Buchpublikationen und Veröffentlichungen in Anthologien. Thematische Schwerpunkte: Geschichte der ersten Frauenbewegung in Deutschland und der ersten Parlamentarierinnen; Geschichte ihres späteren Widerstands gegen die NS-Diktatur, ihres Leidens unter Verfolgung und Exil; Beiträge zu sehr unterschiedlichen Aspekten des Wiederaufbaus nach 1945.

Diese Veröffentlichung stellt keine Meinungsäußerung der HLZ dar.
Für die inhaltlichen Aussagen trägt die Autorin die Verantwortung.

Blickpunkt Hessen

In dieser Reihe werden gesellschaftspolitische Themen als Kurzinformationen aufgegriffen. Zur Themenpalette gehören Portraits bedeutender hessischer Persönlichkeiten, hessische Geschichte sowie die Entwicklung von Politik und Kultur.

Die Schriftenreihe „Blickpunkt Hessen“ erscheint als Eigenpublikation der Hessischen Landeszentrale für politische Bildung, Taunusstraße 4–6, 65183 Wiesbaden

Herausgeberin: Angelika Röming
Gestaltung: G·S Grafik & Satz GbR, Wiesbaden, www.grafiksatz.de
Druck: Hessisches Statistisches Landesamt, Druckerei
Unveränderter Nachdruck 2020
Auflage: 3.000
ISSN: 1612-0825
ISBN: 978-3-943192-38-4

Umschlag:
Dieses Foto, auf Metall geätzt und weit überlebensgroß, ist dauerhaft an einer Elisabeth-Selbert-Schule angebracht. Foto: Antje Dertinger.

Ein ermutigendes Frauenleben: Elisabeth Selbert

Lange, allzu lange war sie vergessen; sogar die Frauenbewegung im letzten Drittel des 20. Jahrhunderts erinnerte sich ihrer großen Bedeutung erst spät: Inzwischen aber ist Elisabeth Selbert, eine der vier ‚Mütter des Grundgesetzes' und verdienstvollste Streiterin für das dort verankerte Gleichberechtigungsgebot, im Bewusstsein Vieler wieder präsent. Straßen und Plätze wurden nach ihr benannt und, mit Blick auf ganz junge Menschen, vor allen Dingen Schulen. Derartige Namensgebungen waren und bleiben jeweils Anlass, sich mit Leben und Wirken dieser in mehrfacher Hinsicht außergewöhnlichen Persönlichkeit zu beschäftigen – damit nicht vergessen werde, wie wertvoll ist, was durch Elisabeth Selbert erreicht wurde.

Doch zunächst ein weiter Blick zurück: ins Jahr 1896, ins Geburtsjahr Elisabeth Selberts. Dazu ein paar Stichwörter: 1896 finden die ersten Olympischen Spiele der Neuzeit statt, Henry Ford lässt erste Autos bauen, Antoine-Henri Becquerel entdeckt die Radioaktivität, und Georges Méliès führt in Paris erstmals einen Kinofilm vor, noch tonlos. Als größte Sensation des Jahres gilt Vielen allerdings die Entdeckung von Gold am Klondike Creek in Kanada; Tausende suchen dort ihr Glück.

In Deutschland wird 1896 das Kaiserreich 25 Jahre alt. Der Wandervogel, bald wichtigster Träger der Jugendbewegung, entsteht. Zwei bedeutende Zeitschriften werden gegründet, der „Simplizissimus" und die „Jugend", nach der eine ganze künstlerische Bewegung bis heute benannt wird.

1896 wird das Bürgerliche Gesetzbuch verabschiedet, jedoch erst vier Jahre danach in Kraft gesetzt. Es behandelt Frauen weiterhin als Menschen minderen Wertes: Sie haben kein Wahlrecht, kein Vereinigungs- und kein Versammlungsrecht, jedenfalls kein politisches; sie dürfen keine Universitäten besuchen, werden aber in Preußen im Jahr 1896 erstmals immerhin als Gasthörerinnen geduldet. Doch schon seit einigen Jahren rumort es unter politisch aufgeschlossenen Frauen, besonders unter jenen des radikalen Flügels der Bürgerlichen und bei den Sozialistinnen. Der 1896 in Gotha veranstaltete Parteitag der SPD diskutiert die Möglichkeiten, Frauen – unter Umgehung des rückständigen Vereinsrechts – in die politische Arbeit einzubeziehen. Schon ein Jahr davor hat August Bebel, der SPD-Vorsitzende und Parlamentarier, im Reichstag erstmals das Frauenwahlrecht gefordert – freilich vergebens.

Unter diesen Gegebenheiten wurde am 22. September jenes Jahres 1896 in der damals noch selbstständigen Gemeinde Niederzwehren bei Kassel Martha Elisabeth Rohde geboren, die spätere Dr. jur. Elisabeth Selbert. Der geradezu aufsehenerregende Lebensweg war ihr wahrlich nicht an der Wiege gesungen worden.

Elisabeth Rohde (2. von rechts) mit ihren drei Schwestern im Jahr 1918 – Archiv der deutschen Frauenbewegung Kassel (im Folgenden: AddF); NL-P-11 ; A-F1/00306

Herkunft, Jugend und erste politische Erfahrungen

Sie stammte aus einem christlich orientierten, von ihr selbst als bürgerlich, gelegentlich auch als kleinbürgerlich bezeichneten Elternhaus. Georg Rohde, der Vater, arbeitete nach verschiedenen beruflichen Stationen als Wärter in einem Jugendgefängnis, zuletzt im Status eines Justizoberwachtmeisters. Er hatte Eva Elisabeth Sauer geheiratet und mit ihr vier Töchter bekommen – als zweite Martha Elisabeth.

Sie war ein strebsames Mädchen, eine strebsame Schülerin und wollte Lehrerin werden. Zwar hatten ihre Eltern durchaus Verständnis für die ehrgeizigen Pläne dieser Tochter, wie sie überhaupt dafür sorgten, dass alle vier Mädchen eine ordentliche Schulbildung erwarben und einen Beruf erlernten. Aber einen Gymnasiumsbesuch ließ die soziale und wirtschaftliche Lage der Familie nicht zu; er wäre übrigens damals für Mädchen auch ganz und gar unüblich gewesen.

Elisabeth Rohde ging also zur Volks- und dann zur Mittelschule, um anschließend eine Höhere Handelsschule zu besuchen. Im Kaufmännischen, Fremdsprachlichen und im Bürotechnischen qualifizierte sie sich soweit, dass eine große Kasseler Import-Export-Firma sie als Auslandskorrespondentin einstellte. Das war ein Jahr vor Beginn des Ersten Weltkriegs; während des Krieges konnte sie, weil nun Männer fehlten, als Postbeamtenanwärterin in den Telegrafendienst wechseln.

Diesen Weg ging sie aus pragmatischen Gründen: Sie war, wie sie es rückblickend beurteilte, eine selbstbewusste junge Frau, die auf eigenen Füßen stehen wollte – und dies nicht nur, um die Eltern zu entlasten.

Vielseitig interessiert war sie schon als junges Mädchen. Sie suchte Orientierung und las besonders gern philosophische Schriften, darunter vor allen Dingen Werke von Immanuel Kant. Den dramatischen politischen Entwicklungen am Ende des Ersten Weltkriegs stand sie allerdings recht ratlos gegenüber – bis sie bei einem Besuch im Kasseler Theater Adam Selbert kennen lernte, den sozialdemokratischen Vorsitzenden des Arbeiter- und Soldatenrates ihrer Heimatgemeinde Niederzwehren. Es fiel ihm leicht, sie für die Ziele seiner Partei zu interessieren, bald auch zu begeistern.

Schließlich hatte diese Partei, welche im Revolutionsjahr 1918 die Mehrheit im Rat der Volksbeauftragten stellte, neben anderen bedeutenden, ja revolutionären Veränderungen mit Gesetzeskraft gerade ein neues Wahlrecht verkündet, das „aufgrund des proportionalen Wahlsystems für alle mindestens 20 Jahre alten männlichen und weiblichen Personen zu vollziehen"[1] war. Noch lange erinnerte sie sich lebhaft an jene Zeit: „Ich selbst war damals immer eine Suchende, wobei ich eigentlich weniger an Parteipolitik gedacht hatte als vielmehr an die Geisteswissenschaften, zu denen ich mich ganz besonders hingezogen fühlte"[2].

Noch 1918, im Jahr der großen politischen Umbrüche und des Elends der frühen Nachkriegszeit, trat Elisabeth Rohde der Sozialdemokratischen Partei Deutschlands bei; dort, sehr typisch für sie, engagierte sie sich sofort. „Was ich mache, das tue ich ganz", pflegte sie zu sagen. Fortan trat sie als engagierte Wahlkämpferin in Erscheinung. Dabei wandte sie sich in besonderer Weise an die Frauen, um sie zu ermutigen, wohl auch zu ermahnen, von ihrem neuen Recht Gebrauch zu machen. Zum Beispiel war damals im „Gemeindeboten" von Niederzwehren zu lesen: „In einer von über 300 Frauen besuchten öffentlichen Versammlung (...) sprach die als Kandidatin zur Gemeindewahl aufgestellte Genossin Frl. Elise Rohde über die Pflichten der Frau durch die Gleichberechtigung. Die Rednerin bot unseren Frauen und Mädchen durch ihre durchweg interessanten Erläuterungen viel Neues und machte sie vertraut mit unseren sozialistischen Frauenführerinnen (...)"[3]. Das kommunalpolitische Programm der SPD erläuterte anschließend Adam Selbert, der Verlobte von „Frl. Elise Rohde", die übrigens 1920 in den Gemeinderat gewählt wurde – und Adam Selbert heiratete.

Er war im Mai 1893 in Gemünden an der Wohra geboren worden und in Mainz aufgewachsen. Nach seiner Volksschulzeit war er zu einer Tante nach Niederzwehren gezogen; im nahen Kassel hatte er vorher einen Betrieb gefunden, in dem er zum Buchdrucker ausgebildet werden konnte. Als Schriftsetzer arbeitete er anschließend in Mainz, danach als politischer Redakteur in Worms, um schließlich nach Niederzwehren zurück zu kehren. Schon früh hatte er politisches Interesse entwickelt; 1913, im Todesjahr von August Bebel, des legendären Führers der deutschen Sozialdemokratie, trat Adam Selbert der SPD bei. Gegen Ende des Ersten Weltkriegs, aus dem er verwundet heim kehrte, wurde er zunächst zum Mitglied, dann zum Vorsitzenden des örtlichen Arbeiter- und Soldatenrats gewählt.

Während der Jahre der Weimarer Republik engagierte sich Selbert sowohl beruflich als auch ehrenamtlich auf verschiedenen Feldern und Ebenen der Kommunalpolitik; dort glaubte er, seine sozialpolitischen Ziele am wirkungsvollsten verfolgen zu können.

Ein emanzipiertes Paar

Elisabeth Selbert, die junge Ehefrau und Gemeindeverordnete in Niederzwehren, wurde bald nach der Heirat schwanger; 1921 wurde der Sohn Gerhart geboren, im folgenden Jahr der zweite Sohn Herbert. Die Rolle in der Ehe, die Erziehung zweier kleiner Kinder, die kommunalpolitische Arbeit - das übertraf an Aufgaben bereits mehr als die meisten anderen Frauen jener Jahre zu schaffen hatten. Aber Elisabeth Selbert hatte längst erkannt, dass „Frauen, wie alle, die im Leben etwas leisten wollen, fundiertes Wissen bieten müssen". Also holte die junge Mutter und Kommunalpolitikerin nach, was ihre Eltern ihr nicht hatten bieten können: Bestärkt von ihrem Mann, beschaffte sie sich Lehrpläne und paukte zu Hause fürs Abitur. 1926, mit 30 Jahren, bestand sie als externe Schülerin an der Luisenschule in Kassel die Reifeprüfung. Zügig nahm sie anschließend in Marburg das Studium der Rechtswissenschaften auf, welches sie später in Göttingen fortsetzte und abschloss.

Marburg und Göttingen gehörten zu Preußen, wo Frauen seit 1908 zur Vollimmatrikulation zugelassen worden waren. Und doch gab es gegenüber weiblichen Studierenden sogar noch 20 Jahre später viele diskriminierende Vorbehalte. „Als ich in Marburg anfing mit dem Studium waren es wohl zwei Frauen, die mit mir zusammen an der Fakultät immatrikuliert wurden", erinnerte sich Elisabeth Selbert noch Jahrzehnte später. „Und in Göttingen

Hochzeitsfoto von Adam und Elisabeth Selbert, 1920 - AddF; NL-P-11; A-F1/00303

waren unter 350 Jurastudenten vier Frauen; durchgehalten bis zur Promotion habe ich als einzige unter ihnen."

Das Studium absolvierte Elisabeth Selbert in nur sechs Semestern; 1929 legte sie das erste juristische Staatsexamen ab. Während anschließend üblicherweise das Referendariat folgte, beschloss Selbert, im nächsten Halbjahr zunächst ihre Doktorarbeit zu schreiben. 1930 wurde sie zum Dr. jur. promoviert. Der Titel ihrer Arbeit lautete: „Zerrüttung als Ehescheidungsgrund". Das Thema war damals, in der ersten deutschen Republik, unter politisch interessierten, progressiven Menschen durchaus bereits diskutiert worden; und die SPD-Reichstagsfraktion - daran erinnerte Elisabeth Selbert in ihrer Promotionsarbeit - hatte eine entsprechende Änderung des Scheidungsrechts bereits beantragt. Eine Mehrheit aber fand die SPD als größte Reichstagspartei dafür nicht; zu stark war die Summe der vielen anderen im Parlament vertretenen Parteien. Womöglich wollte Selberts Doktorvater, der Geheimrat Professor Paul Ernst Oertmann, dem Thema noch einmal neuen Schub geben, indem er es einer ebenso begabten wie ehrgeizigen Doktorandin vorschlug. Die Zerrüttung der Ehe als Scheidungsgrund gelangte allerdings erst Mitte der 1970er (!) Jahre auf die Agenda politischen Handelns.

Ohne Unterstützung der gesamten Familie - des Ehemannes, der Eltern und der Schwestern - wären Elisabeth Selberts damalige Leistungen nicht möglich gewesen. Zuallererst war es Adam Selbert, der seine Frau in ihren Plänen bestätigte und förderte. Auch Elisabeths Eltern, anfangs „durchaus schockiert" von den damals höchst ungewöhnlichen Vorhaben ihrer zweiten Tochter, zeigten Verständnis und halfen. Die Familie Selbert zog in das Haus, in dem die Rohdes bereits lebten. Während Elisabeth studierte und Ehemann Adam das Geld für den Familienunterhalt und für das Studium seiner Frau verdiente, versorgten die Großeltern Rohde die beiden Enkelsöhne, und eine von Elisabeths Schwestern führte den größer gewordenen Haushalt.

Eine der ganz Wenigen ...

Nachdem sie 1934 auch das zweite juristische Staatsexamen bestanden hatte, beantragte Elisabeth Selbert umgehend die Zulassung zur Anwaltschaft. Aber: die Nationalsozialisten bestimmten inzwischen die Politik im Deutschen Reich. Und diese Politik - beziehungsweise die NS-Ideologie - sah verheiratete Frauen in erster Linie als Hüterinnen von Heim und Herd, als Dienerinnen ihrer Ehemänner und als gebärfreudige Mütter. Für selbstbestimmt lebende Frauen wie Dr. jur. Elisabeth Selbert standen die Chancen im Jahr 1934 also nicht gut. Außerdem war der für ihre Zulassung zur Anwaltschaft zuständige Präsident des Oberlandesgerichts ein SS-Führer, der den Antrag der fortschrittlichen Juristin und engagierten Sozialdemokratin mit hoher Wahrscheinlichkeit abgelehnt hätte. Elisabeth aber war angewiesen auf die Arbeit als Anwältin, denn sie musste, gewissermaßen von heute auf morgen, für den Familienunterhalt aufkommen. Adam Selbert war - wie Tausende anderer Sozialdemokraten, Kommunisten, Gewerkschafter - nach dem 30. Januar 1933 aus politischen Gründen als Kommunalbeamter entlassen und sogar vorübergehend inhaftiert worden. Nach einigen Wochen war er wieder frei, allerdings auch ohne Bezüge; ihm wurden monatlich nur 128 Mark an Sozialleistungen zugebilligt.

Da empfand es Elisabeth Selbert als besonders großes „Glücksgeschenk des Schicksals", dass der gefürchtete Oberlandesgerichts-Präsident gerade an jenem Herbsttag des Jahres 1934 verhindert war, an dem ihre Zulassung zur Anwaltschaft verhandelt wurde. Vertreten wurde er von zwei Senatspräsidenten, die sich von der Kompetenz der Anwärterin schon während deren Referendarzeit ein positives Bild hatten machen können.

Diese beiden Herren sprachen ihre Zulassung aus. Viel später noch empfand Elisabeth Selbert dieses Ereignis „wie ein Märchen", das allerdings wahr geworden war. Damit zählte Dr. Selbert zu den ganz wenigen Frauen, die im NS-Staat 1934 noch die Zulassung als Rechtsanwältin - und später auch als Notarin - erhalten hat.

Allerdings hatte sie, um den Beruf überhaupt ausüben zu können, Zugeständnisse an das Regime gemacht, jedoch wohl die geringst möglichen: Sie war dem Bund Nationalsozialistischer Deutscher Juristen als so genanntes Fördermitglied beigetreten, nicht jedoch als ordentliches Mitglied; dazu hätte sie gleichzeitig der NSDAP angehören müssen, wovor sie sich aber bewahren konnte. Später trat sie unter anderem noch der NS-Volkswohlfahrt bei; aber auch dort war sie nur zahlendes, kein aktives Mitglied.

Übrigens hätte Elisabeth Selbert überhaupt nicht die Möglichkeit gehabt, eine Laufbahn als Richterin oder als Staatsanwältin anzustreben; denn bereits seit 1932 (!) konnten verheiratete weibliche Beamte entlassen werden, sofern ihre Versorgung ohne eigene Berufstätigkeit gesichert erschien. Ab 1933, nun unterm NS-Regime, wurden verheiratete Beamtinnen zwingend entlassen. Elisabeth Selbert musste also als freie Anwältin arbeiten; und glücklicherweise konnte sie das auch.

Schon um die Jahreswende 1934/35 eröffnete sie an prominenter Stelle in Kassel, am Königsplatz 42, eine Kanzlei. Zwei ihr gut bekannte jüdische Kollegen, die Rechtsanwälte Karl Elias und Leon Rossmann, mussten aus Nazi-Deutschland ins Ausland fliehen. Sie machten - und zwar schon bevor diese zur Anwaltschaft zugelassen worden war - Elisabeth Selbert das Angebot, die Kanzlei am Königsplatz zu übernehmen. Freunde liehen ihr Geld, andere halfen als Bürgen, so dass sie die Einrichtung der Kanzlei und die juristische Fachbibliothek der beiden Kollegen erwerben konnte. Unter anderem mit Hilfe dieses Geldes gelang den beiden Männern die Flucht ins Exil; für den einen war das Palästina, für den anderen Großbritannien.

Unterm Hakenkreuz

Die Rechtsanwaltskanzlei Dr. Elisabeth Selbert arbeitete bald recht erfolgreich, so erfolgreich, dass die Inhaberin ihre Schulden schneller als gedacht tilgen konnte.

Sie bemühte sich, keine Mandate zu übernehmen, bei denen es um politische Delikte ging. Das gelang nicht immer, war aber, wie sie selbst schilderte, oft durchaus möglich, zumal sie fand, dass „bis 1938 Hitler die Justiz noch nicht erobert (hatte); es ging noch nicht nach dem Grundsatz ‚gesundes Volksempfinden'. Die Richter haben vielmehr versucht, sich den Pressionen der Gauleiter zu entziehen." Manche seien „kurzerhand frühzeitig in Pension oder zum Militär" gegangen.

Nach dem 1. September 1939, als Hitlers Zweiter Weltkrieg begonnen hatte, bekam die Kanzlei noch mehr zu tun. „Ich war doch damals nur mit zwei, drei Anwältinnen tätig", erinnerte sich Elisabeth Selbert. „Viele männliche Kollegen gingen zum Militär, oder sie wurden einberufen. So hatten die wenigen Alten und wir drei weibliche Anwälte unwahrscheinlich viel zu tun in einem so großen Gerichtsbezirk wie Kassel."

Im kleiner gewordenen Kreis dortiger Juristen kannte man einander gut genug, um einschätzen zu können, wer dem Regime ablehnend gegenüberstand, wen man also vertrauensvoll in Aktivitäten zwischen Widerstand und Sabotage einbeziehen konnte. „Vor allen Dingen", so berichtete Elisabeth Selbert, „wussten wir ja schon von den Konzentrationslagern und davon, wie die Leute ohne Haftbefehle und ohne förmliche Verfahren einfach abgeholt und dort eingesperrt wurden." Und dann erwähnte sie als Beispiel, „dass einige Rechtsanwälte, darunter auch ich, im gegenseitigen Einvernehmen einige Strafrichter, von deren Integrität wir überzeugt waren, im Geheimen um Verhängung einer Freiheitsstrafe gegen den eigenen Mandanten gebeten haben, weil der bei etwaigem Freispruch an der Saaltür von Gestapobeamten empfangen und in so genannte Schutzhaft, das heißt ins KZ, gebracht worden wäre. Diese Dinge konnte man tun, diese kleinen Widerstandsleistungen."

Zu derartigen „kleinen Widerstandsleistungen" zählte auch die folgende von Elisabeth Selbert berichtete Verweigerung: „Nach dem großen Bombenangriff (...) auf Kassel im Oktober 1943 erhielten wir den Befehl, ein ‚Plünderungsgericht' zusammen zu stellen. Der Vorgang spielte sich im Saal des Finanzamtes ab. Zwei Jugendliche von etwa 16 Jahren waren von Gestapobeamten hereingebracht worden. Sie waren aus dem zerbombten Untersuchungsgefängnis in Freiheit gelangt und hatten sich bei Verwandten Zivilkleidung besorgt. Im Saal standen sie mit erhobenen Armen und mit dem Gesicht zur Wand. Ihnen wurde Todesstrafe von dem anwesenden hoch dekorierten SS-Führer angedroht. Wir, etwa acht Anwälte und Richter, haben uns nicht einschüchtern lassen. Da unsere sämtlichen Praxen zerbombt waren, hatten weder Richter noch Anwälte Gesetzesmaterial. Unter dem Vorwand, dass wir alle nicht wüssten, ob die so genannte Gewaltverbrecherverordnung auch auf Jugendliche Anwendung fände, lehnten wir die Bildung des Sondergerichts ab. Aber

Elisabeth Selbert in ihrer Anwaltskanzlei am Königsplatz – AddF; NL-P-11; A-F1/00305

nach einer Woche tagte ein Sondergericht ohne uns. An den Litfaßsäulen hingen dann rote Plakate: ‚Hinrichtung durch Erschießen'."

Es fanden sich eben fast immer Andere, welche die Rolle der willfährigen Vollstrecker übernahmen.

Aber es gab in jenen finsteren Zeiten das stützende familiäre Umfeld; es gab die ähnlich gesonnenen Kollegen bei Gericht; und es gab die Solidarität unter den sozialdemokratischen Freunden und Genossen. Auch mit ihnen blieb Elisabeth Selbert während der zwölf Jahre des ‚tausendjährigen Reiches' in vertrauensvoller Verbindung. Zwar hat sie in Kassel keinen organisierten politischen Widerstand wahrgenommen; aber es gab häufige konspirative Treffen, getarnt als sonntägliche Wanderungen durch den Reinhardswald oder hinauf zum Schloss Wilhelmshöhe. Man informierte sich untereinander; man besprach, wo nötig, Hilfsmöglichkeiten für die Familien verhafteter Genossen; manchmal wurde an Ort und Stelle Geld für sie gesammelt. Die Kasseler Sozialdemokraten haben nach Selberts Darstellung bei Gelegenheit solcher Treffen „auch regimefeindliches Material verteilt".

Motivation für die geheimen Treffen, für viele Unterstützungs- und etliche

Kassel in Trümmern: Blick am 29. April 1945 vom Königsplatz, an dem Dr. Selberts Kanzlei lag, in die Untere Königstraße - US Air Force Historical Office, Wikipedia

Widerstandsaktionen war die feste Überzeugung, dass, wie alles, auch das Naziregime endlich sein würde. Elisabeth Selbert fasste diese Überzeugung, nach vorn blickend, zusammen: „So ab 1943 fingen wir konkret an, uns auf die Stunde Null vorzubereiten." Da war die Schlacht bei Stalingrad gerade geschlagen, und beide eben über 20-jährige Selbert-Söhne befanden sich an der Ostfront.

„... dass wir wieder frei atmen konnten"

Die Stadt Kassel war nach dem 22./23. Oktober 1943 eine Trümmerwüste, in der während einer Nacht 10.000 Menschen umkamen; genau kennt die Zahl der zerfetzten, der verbrannten, der verschütteten Toten niemand.

Keiner der Überlebenden konnte sich damals einen Wiederaufbau vorstellen. Für die Alliierten, hier für die Royal Air Force, war die über tausend Jahre alte Stadt ein extrem wichtiges Angriffsziel gewesen. Dort gab es während des Zweiten Weltkriegs 21 Rüstungsbetriebe, darunter Henschel, wo Flugzeugmotoren, Panzer und Lokomotiven gebaut wurden, und die Junkers-Werke, die Flugzeuge und schwere Kampfpanzer herstellten. Zudem lag die Stadt an einem bedeutenden Eisenbahnknotenpunkt.

Wie so viele Menschen hatten die Selberts durch Bomben alles verloren, die Wohnung und die Kanzlei; aber keiner aus der Familie war umgekommen, und sogar Gerhart und Herbert kamen aus dem Krieg zurück.

Damals wohnten Adam und Elisabeth Selbert in einem Hotel in Melsungen, einer im Kern immer noch mittelalterlichen Kleinstadt, deren Ortsbild bis heute von den für die Region so typischen Fachwerkhäusern geprägt ist. Der Fußweg von Melsungen nach Kassel dauerte sechs Stunden. Mit dem Auto wäre man in einer halben Stunde dort gewesen; aber niemand weit und breit besaß damals, 1945, ein Auto. So machte sich Elisabeth Selbert zu Fuß auf den Weg, nachdem sie von einer ersten SPD-Veranstaltung im Kasseler Rathaus erfahren hatte, „also dass die Leute, die aus den Konzentrationslagern zurück gekommen waren, die noch da waren, und die führenden Genossen aus der Weimarer Zeit da zusammenkommen sollten".

Und, als wäre es gestern gewesen, berichtete Elisabeth Selbert mehr als drei Jahrzehnte nach den Ereignissen von jenem denkwürdigen Tag: „Da bin ich also zu Fuß allein und ohne Passierschein durch die Söhre gegangen (...). Ungefährlich war das nicht wegen der herumziehenden Truppen, die in den Wäldern nach Wild jagten." Tief bewegt fuhr Elisabeth Selbert fort: „Ich kam gerade an, als die Veranstaltung eröffnet wurde – die erste Zusammenkunft der hessischen Sozialdemokraten nach dem Hitlerreich. Ich empfinde noch heute die Rührung über die Freude, dass wir noch da waren! Über Jeden haben wir uns gefreut, der noch oder wieder da war. Es war eben nicht allein der Neubeginn unseres Parteilebens, sondern auch – wie soll ich sagen? – eine unendliche Freude darüber, dass wir wieder frei atmen konnten. Viele Männer habe ich damals weinen gesehen."

Elisabeth und Adam Selbert gehörten zu den Menschen, die nach der Verwüstung ihrer Heimat sofort gebraucht wurden, zumal sie ja zu einer extremen Minderheit unter den Deutschen zählten: politisch unbelastet und außerdem beide kommunalpolitisch erfahren. Elisabeth, zum Beispiel, war während der gesamten Weimarer Zeit Politikerin gewesen und hatte, wie sie ergänzte, „in der letzten Legislaturperiode vor 1933 für den Reichstag kandidiert (...), allerdings ganz unten auf der Liste". Davon aber abgesehen, empfanden es die Selberts auch als selbstverständlich, sich der Verantwortung für ihre Stadt unverzüglich zu stellen. Wer mit Hilfe von Fotos versucht, sich den Zustand Kassels - oder dessen, was davon übrig geblieben war - bei Kriegsende vorzustellen, kann vielleicht ermessen, welche Herkulesaufgaben auf sie warteten.

Die amerikanische Militärbehörde berief Elisabeth Selbert in die Kasseler Stadtverwaltung; dort fungierte sie als Verbindungsperson zu den Vertretern der Besatzungsmacht. Wenig später wurde sie in den Stadtrat gewählt. Doch es standen ihr noch viel bedeutendere Aufgaben bevor.

Eine Verfassung für Groß-Hessen

In die Geschichte ist Elisabeth Selbert als eine der ‚vier Mütter des Grundgesetzes' eingegangen, als bedeutende Mitwirkende an der Verfassung für die zunächst noch gar nicht existierende Bundesrepublik Deutschland. Dem war aber eine andere wichtige Tätigkeit voraus gegangen: Da die westli-

Der Präsident
der Verfassungberatenden Landesversammlung Groß-Hessen
Büro des Landtagsdirektors

AUSWEIS
(gilt in Verbindung mit Personalausweis)

~~Herr~~ / Frau / ~~Frl.~~ Elisabeth Selbert

wohnhaft in Kassel

ist Abgeordneter der Verfassungberatenden Landesversammlung Groß-Hessen.

Wiesbaden, den 22. Juli 1946.

(L. S.)

Präsident der Landesversammlung

Buchdr. Osk. Koehler

Elisabeth Selberts Ausweis zur Hessischen Verfassungberatenden Landesversammlung - AddF; NL-P-11, 9M07

chen Besatzungsmächte für die Zukunft ein föderal strukturiertes Deutschland wünschten, erfolgte zunächst, und zwar schon ab Sommer 1945, die Gründung der Länder. Das erste dieser Länder als Teil der amerikanischen Besatzungszone war Groß-Hessen, wie es zunächst genannt wurde. Anfang des Jahres 1946 fanden dort Gemeinde- und Kreistagswahlen statt und schon im Juni Wahlen zur Verfassungberatenden Landesversammlung. Elisabeth Selbert wurde zum Mitglied dieses Gremiums gewählt; sie war schließlich Rechts- und Staatswissenschaftlerin.

Wiesbaden wurde zum Tagungsort – und später zur Landeshauptstadt – bestimmt. Auch Frankfurt am Main und die ehemaligen Residenzstädte Darmstadt und Kassel waren hierfür im Gespräch gewesen. Aber Frankfurt zeigte wenig Interesse, hoffte vielmehr, schon aus historischen Gründen dermaleinst Hauptstadt eines westdeutschen Teilstaates zu werden, und Darmstadt wie auch Kassel waren vom Krieg zu stark zerstört, während Wiesbaden nur relativ wenige Kriegsschäden aufwies, zudem sehr günstig im Rhein-Main-Gebiet lag und bereits Sitz der amerikanischen Militärregierung war. Nachdem die Kompetenz der Militärregierung auf das ganze Land Groß-Hessen ausgedehnt worden war, wurde mit Wirkung vom 12. Oktober 1945 die Gründung der zivilen Landesregierung für Groß-Hessen mit Sitz in Wiesbaden verkündet. Es galt nun, eine Landesverfassung zu erarbeiten.

Am 30. Juni 1946 wurden die Mitglieder der hessischen Verfassungberatenden Landesversammlung gewählt. 71 Prozent der Wahlberechtigten nahmen damals an der Abstimmung teil. 44,3 Prozent stimmten für die SPD, 37,3 Prozent für die CDU, 9,7 Prozent für die KPD und sechs Prozent für die FDP.

Elisabeth Selbert hatte von Kassel aus einen weiten, beschwerlichen Weg nach Wiesbaden. Zwischen ihrer Heimatstadt im äußersten Nordosten Hessens und Wiesbaden im Westen und weit südlich des Landes liegen gut 200 Kilometer. Das war unter den frühen Nachkriegsverhältnissen eine enorme Distanz, die es zu jeder Sitzung anzureisen galt. Die meisten Städte lagen in Schutt und Asche; eine intakte Infrastruktur gab es bei weitem noch nicht. Der Hunger, die Wohnungsnot, die Flüchtlingsströme verschärften die Situation, erschwerten die Bedingungen, unter denen die politische Arbeit geleistet werden musste.

Die Abgeordnete Dr. Selbert erinnerte sich lebenslang der langwierigen Eisenbahnfahrerei, der Sitzungen, die oft bis weit in den späten Abend dauerten, der Notwendigkeit, in einem Hotel zu übernachten, weil kein Zug mehr fuhr, der Verlegenheit, wenn das Geld für die auswärtige Übernachtung nicht reichte. „Wir haben es ja doch erlebt, dass wir ins Taunus-Hotel kamen und ich nur eine Bleibe in einem Dreibettzimmer fand. Nachts um eins wurden da plötzlich noch zwei Damen hinein gelassen, die mit dem Interzonenzug gekommen waren. Es hieß dann einfach: Entschuldigen Sie, die beiden Damen können wir doch nicht auf der Straße übernachten lassen; die müssen hier bei Ihnen übernachten. Oder ich kam in ein Hotelzimmer, und da lag schon jemand in einem der beiden Militärbetten. Ja, wir hatten in den Hotels anfangs Militärbetten, Militärspinde und Wolldecken; die Bettwäsche musste man sich selbst mitbringen. Und dann hat man ja damals regelrecht gehungert. Ich erinnere mich an die Frau des späteren Bundesrichters Stein. Die hatte in der Staatskanzlei in Wiesbaden eine kleine Kantine aufgemacht und hat für uns von den Amerikanern Lebensmittelmärkchen erbettelt, um uns eine kleine Tunke mit ein paar Kartoffeln drin zuzubereiten, damit wir ein warmes Abendbrot bekamen oder überhaupt etwas zum Essen am Abend." Und nach einer Weile des Schweigens schloss Elisabeth Selbert: „Wir haben damals Politik wirklich aus Idealismus gemacht."

Besonders wichtig war ihr die Mitarbeit im Haupt- und Verfassungsausschuss, der die späteren Beratungen im Plenum der Landesversammlung inhaltlich weitgehend vorbereitete. Dabei gab es kaum ein Thema, welches Elisabeth Selbert nicht interessierte. Es lag ihr allerdings die Behandlung rechtspolitischer Themen besonders am Herzen. Sie sei, wie sie selbst gern erklärte, „Familienrechtlerin aus Erfahrung und Staatsrechtlerin aus Passion". Und so äußerte sie sich zu so unterschiedlichen Themen wie dem Sitz des künftigen Landtags, der Reichseinheit, der sozialistischen Wirtschaftsordnung, dem Versammlungsrecht, dem Sinn von Strafe, dem Staatsnotstand ...[4]

In ihren zahlreichen Debattenbeiträgen bezog sie sich immer wieder auf die damals jüngste Vergangenheit. Zum Thema ‚Unschuldsvermutung' verlangte sie zum Beispiel entschieden, ausdrücklich in die Verfassung aufzunehmen, dass Angeklagte bis zum richterlichen Schuldspruch als Unschuldige zu gelten hätten. Ihre Begründung: „Wir haben es in der Vergangenheit erlebt, dass Menschen, die auf die Anklagebank kamen, von einer gewissen Sorte von Richtern von vornherein als schuldig angesehen und entsprechend behandelt wurden"[5]. Und sie ergänzte: „Vielleicht ist auch noch ein Satz aufzunehmen, der klarlegt, dass der Beweis der Schuld vom Gericht zu führen ist"[6].

Nein, frauenpolitische Themen interessierten sie keineswegs in besonderer Weise. Die Neugestaltung der Rechtspflege und der Wirtschaftsordnung waren die inhaltlichen Schwerpunkte ihrer Arbeit für das neue Land Groß-Hessen. Das ist auch nachzuvollziehen anhand der Protokolle des Hessischen Landtags, dem Elisabeth Selbert von der ersten bis einschließlich der dritten Legislaturperiode, also von 1946 bis 1958, angehörte[7]. Auch Mitglied des SPD-Parteivorstandes war sie ab 1946 zehn Jahre lang; und sechs dieser Jahre gehörte sie gleichzeitig der Kasseler Stadtverordnetenversammlung an. Ihre Kräfte schienen unerschöpflich zu sein - im Hauptberuf war sie zudem ja eine vielbeschäftigte Rechtsanwältin, seit 1945 auch Notarin.

Keine Frauenrechtlerin

Wer heute an Elisabeth Selbert erinnert, meint in aller Regel die erfahrene Juristin und Politikerin, welche sich allerhöchste Verdienste um die Gleichberechtigung von Frauen und Männern erworben hat. Doch sah sie selbst sich nie als Frauenrechtlerin; andere juristische Themen interessierten sie, wie oben angedeutet, weit mehr.

Zum Beispiel behandelte sie während ihrer zwölfjährigen Tätigkeit im Hessischen Landtag nur einmal ein so genanntes Frauenthema; die kommunistische Fraktion hatte die Einführung eines bezahlten Hausarbeitstages für solche berufstätigen Frauen gefordert, die einen eigenen Hausstand besaßen. Selbert unterstützte diese Forderung, ging aber noch weiter: Sie wollte den Hausarbeitstag nicht abhängig machen von der Existenz eines eigenen Hausstandes, denn damals, kurz nach dem Krieg, waren viele Frauen mit ihren Kindern irgendwo untergekommen, irgendwo, wo ein eigener Hausstand schwerlich einzurichten war. Die Wohnungsnot war durch Bombenschäden und Flüchtlingsströme allzu groß. Und dann ergänzte Elisabeth Selbert ihre Argumente noch um einen interessanten Aspekt: „Wenn man mit dem Einwand kommen sollte, es werde damit wieder ein Sonderrecht geschaffen, das im Zeichen der Gleichberechtigung zwischen Mann und Frau nicht gerechtfertigt sei, so meine ich, dass dieser Einwand wirklich nicht durchschlägt. Schließlich handelt es sich hier um ein Äquivalent für die Doppelbelastung der Frau, wie ja auch der Mutterschutz nur ein solches Äquivalent darstellt. Schließlich noch ein Letztes: Wenn vielleicht eingewendet werden könnte - in Kreisen von Frauen wird dieses Argument hier und da geltend gemacht -, diese Sonderbehandlung der Frau könne dazu führen, ihren Arbeitsplatz in der Wirtschaft zu gefährden, so bin ich der Meinung, dass es die Aufgabe der Betriebsräte (...) sein müsste, Einhalt zu gebieten, wenn etwa beim Eintritt von Wirtschaftskrisen in erster Linie Frauen von ihren Arbeitsplätzen entfernt werden sollten"[8]. Wie wir wissen, war die Solidarität - oder die Macht - der Betriebsräte sehr oft nicht stark genug, um Frauen vor einem Schicksal in der ‚Reservearmee' zu bewahren.

Ende der1970er Jahre, als die so genannte zweite Frauenbewegung lautstark von sich reden machte, legte Elisabeth Selbert dar, wie wenig Verständnis sie für die „Sonderbehandlung der Frau" aufbrachte, wie sehr sie das Frauenthema als eines unter vielen Politikfeldern betrachtete und behandelt wissen wollte. Vor allem wünschte sie, dass die Frauen ihre Gleichberechtigung in viel stärkerem Maß nutzten als sie es taten. 30 Jahre nach Verabschiedung des Grundgesetzes empfand es Elisabeth Selbert als „ein ganz schreckliches Kapitel, dass die Frauen in den Parlamenten so unterrepräsentiert sind. Sie haben doch, ganz anders als früher, alle Rechte. Sie können sich darauf berufen. Sie müssen sich durchsetzen! Es ist mir ganz und gar unbegreiflich, warum sie es nicht tun, Doppelbelastung hin oder her." Und abschließend, im Gespräch mit der Autorin, brach ihre gefürchtete Unduldsamkeit durch: „Die Feministinnen mit ihren gerichtlichen Klagen gegen nackte Frauen auf Titelseiten von Illustrierten - das sind doch Nebenkriegsschauplätze. In die Parlamente müssen die Frauen! Dort müssen sie durchsetzen, was ihnen zusteht!"

Im Parlamentarischen Rat

Der von den Westalliierten angeordnete föderal verfasste Staat sollte neben den Länder-Verfassungen auch eine Gesamt-Verfassung erhalten - eine Aufgabe, an der die „Staatsrechtlerin aus Passion" sehr gern mitwirken wollte. Die Mitglieder des Verfassungberatenden Gremiums - also des Parlamentarischen Rates - wurden von den Landtagen gewählt. Die hessischen Parteifreunde Elisabeth Selberts aber lehnten es ab, sie zur Kandidatur aufzufordern; da half zunächst auch die Fürsprache des SPD-Parteivorstandes nicht. Erst Kurt Schumacher, dem charismatischen SPD-Vorsitzenden in den Westzonen,

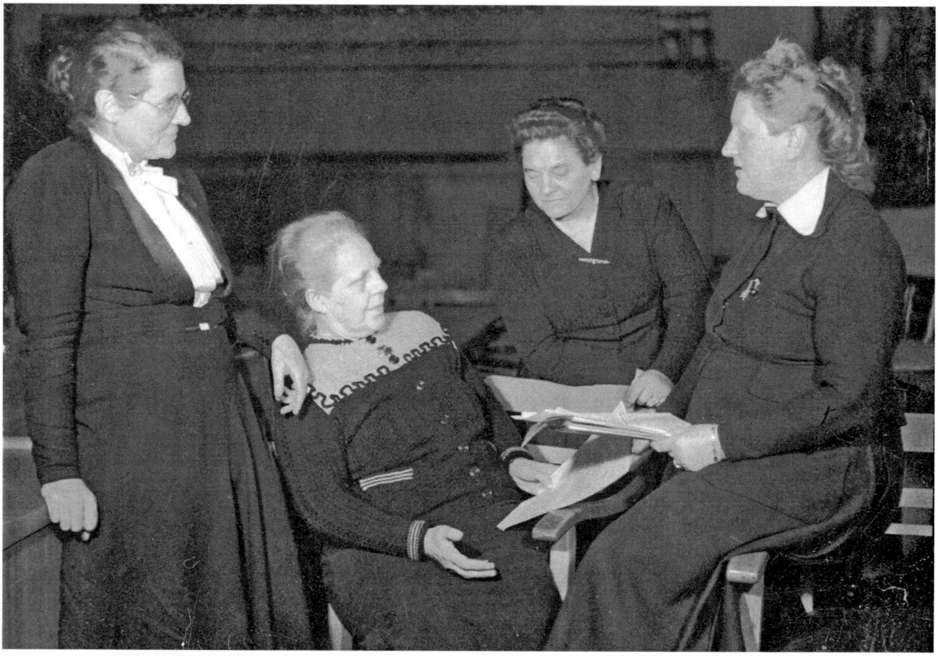

Die vier weiblichen Mitglieder des Parlamentarischen Rates (v. l.): Helene Wessel (Zentrum), Helene Weber (CDU), Friederike Nadig und Elisabeth Selbert (beide SPD) - Haus der Geschichte der Bundesrepublik Deutschland, Bonn, Bestand Erna Wagner-Hehmke

gelang es, die sozialdemokratischen Landtagsabgeordneten im benachbarten Niedersachsen dazu zu bewegen, die hochqualifizierte Fachfrau aus Kassel aufzustellen, zu wählen und in den Parlamentarischen Rat zu entsenden. Das Gremium hatte 65 stimmberechtigte Mitglieder, darunter nur vier Frauen; zusätzlich gab es aus Westberlin fünf nicht stimmberechtigte Mitglieder.

Der Rat trat am 1. September 1948 im Bonner Museum Alexander König zur feierlichen Eröffnung zusammen; einen anderen repräsentativen Raum gab es damals in Bonn nicht. Legendär sind die Schilderungen - auch Elisabeth Selberts Darstellung - vom zentralen Lichthof, der umgeben war von ausgestopften, mit Decken verhängten Giraffen und anderem Großgetier, denn das Museum war und ist bis heute ein bedeutendes Naturkundemuseum. Die Ankunft dort behielt Elisabeth Selbert immer in lebhafter Erinnerung. In der Mitte des zentralen Raums, fanden die Mitglieder des Gremiums Platz - „zwischen den Hohen Kommissaren mit ihren ganzen Stäben auf der einen Seite und den Ministerpräsidenten auf der anderen Seite, (...) außen herum, wie gesagt, die ausgestopften Tiere". Elisabeth Selbert hatte anfangs durchaus zwiespältige Gefühle: „Es war eine bedrückende Atmosphäre. Es war nicht etwa Freude oder das Gefühl, jetzt endlich frei zu sein. Es war bedrückend, weil man sich sagte: Du bist hier her gerufen worden, und nun sollst du auf Kommando etwas tun." Immerhin wurde die von Elisabeth Selbert als bedrückend empfundene Stimmung durch die Begegnung mit alten politischen Freunden aufgehellt, unter ihnen Frieda Nadig, Fritz Eberhard, Carlo Schmid, Adolf Ehlers ...

Nach der feierlichen Eröffnung im Museum König fanden alle folgenden Sitzungen von Plenum und Ausschüssen in den nahe gelegenen Räumen der Pädagogischen Akademie statt. Die wurde später Teil des Bundeshauses in Bonn und gehört nun zum UN-Campus der früheren Bundeshauptstadt.

Elisabeth Selbert wurde im Parlamentarischen Rat Mitglied unter anderem im Ausschuss für den Verfassungsgerichtshof und in dem für Rechtspflege. Auch hier interessierten sie Frauenrechte also zunächst nur am Rande – bis Herta Gotthelf, die Frauenreferentin im Parteivorstand der SPD, sie bat, auf der sozialdemokratischen Frauenkonferenz im September 1948 einen der zentralen Vorträge zu halten, und zwar den zur „Rechtsstellung der Frau"[9]. Dabei waren Herta Gotthelf zwei Aspekte besonders wichtig:

Herta Gotthelf vom SPD-Parteivorstand in Bonn – Archiv der sozialen Demokratie, Friedrich-Ebert-Stiftung Bonn (AdsD/FES)

die kritische Beleuchtung der damals schon lange rückständigen Paragrafen im Bürgerlichen Gesetzbuch und die Verankerung von Frauenrechten in der Verfassung, für welche die Beratungen gerade begonnen hatten. Selbert stimmte zu, denn es war ihr klar, dass ein eindeutig formulierter Gleichberechtigungsparagraf in der neuen Verfassung zur Reform des Bürgerlichen Gesetzbuches folgerichtig führen musste. Ganz so einfach war es dann später nicht; aber die von Selbert gegen alle Widerstände durchgesetzte schlichte Formulierung „Männer und Frauen sind gleichberechtigt" schuf eine stabile Basis für spätere Reformen aller die Frauen diskriminierenden Gesetze.

Gleiche Rechte ohne Wenn und Aber

Elisabeth Selbert wurde zu einer ganz entschiedenen Kämpferin für die im Grundgesetz zu verankernde, einschränkungslose Gleichberechtigung, als sie feststellen musste, was für seltsame Vorstellungen zur Gleichberechtigung im Parlamentarisch Rat von Anderen vertreten wurden. Für sie, wie auch für Herta Gotthelf, war klar, es müsse heißen: „Männer und Frauen sind gleichberechtigt." Dagegen tendierten andere Mitglieder des Parlaments dazu, die Formulierung aus der Weimarer Verfassung zu übernehmen: „Männer und Frauen haben grundsätzlich dieselben staatsbürgerlichen Rechte und Pflichten"[10]. Aber Elisabeth Selbert wollte immer, wie sie es ausdrückte, „weiter gehen als Weimar", denn sie wusste aus politischer und aus beruflicher Erfahrung genau, dass „staatsbürgerliche Rechte und Pflichten" eine Einschränkung, ja eine Beschränkung bedeutete, nämlich „staatsbürgerliche Betätigung im engsten Sinn, also: Frauen können wählen und gewählt werden. Mehr nicht. Sonst wäre es auch nicht möglich gewesen, dass sich im Bürgerlichen Gesetzbuch eine ganze Reihe von Vorschriften erhalten haben, die rein patriarchalisch sind, rein patriarchalisch!, die auch in der Zeit der Zwanzigerjahre schon nicht mehr der tatsächlichen Stellung der Frau entsprachen." Nach Selberts Überzeugung hätte schon damals der Reichstag tätig werden und die Gesetze anpassen müssen. Dies ist aber nicht geschehen. Deshalb hat Elisabeth Selbert bei Beratung des Grundgesetzes die Aufnahme einer Übergangsregelung gefordert. Sie steht in Art. 117 GG: „Das dem Artikel 3 Absatz 2 entgegenstehende Recht bleibt bis zu seiner Anpassung an diese Bestimmung des Grundgesetzes in Kraft, jedoch nicht länger als bis zum 31. März 1953"[11].

Aber bis dahin war es noch ein weiter Weg. Zwar behauptete Jede und Jeder, die Gleichberechtigung zu wollen. Aber „über Weimar hinausgehen" wollte anfangs niemand. Deshalb wurde Selberts Formulierung von Art. 3, Absatz 2 - „ Männer und Frauen sind gleichberechtigt" - anfangs von der Mehrheit im Hauptausschuss abgelehnt; auch unter den vier Frauen im Rat - Frieda Nadig von der SPD, Helene Weber von der CDU und Helene Wessel von der Zentrumspartei - stand Selbert zunächst allein. Nach der ersten Ablehnung am 5. Oktober 1948 erklärte sie:

„In meinen kühnsten Träumen habe ich nicht erwartet, dass der Antrag abgelehnt werden würde. Die Frau (...) muss auf allen Rechtsgebieten dem Manne gleichgestellt werden!" Hingegen wünschten nun die CDU-

Elisabeth Selbert auf einer Briefmarke aus der „Frauen-Dauerserie" - Deutsche Bundespost 1987

Parlaments-Mitglieder: „Das Gesetz muss Gleiches gleich, Verschiedenes nach seiner Eigenart behandeln." Die Kommunisten, zuerst einverstanden mit der Selbert-Formulierung, erklärten im weiteren Verlauf der Ausschusssitzungen, es müsse ein Passus über Lohngleichheit in die künftige Verfassung aufgenommen werden. Auch dagegen sprach sich Elisabeth Selbert aus - so wichtig dieses Thema damals war und bis in die Gegenwart noch ist. „Ich sagte also den KPD-Abgeordneten: Sie können sagen, was sie wollen - in dem Augenblick, wo wir katalogisieren, womöglich mit Formulierungen wie ‚insbesondere', haben wir verloren."

Nach der zweiten Ablehnung ihres Antrags entfesselte die Abgeordnete Selbert eine Kampagne zur Unterstützung ihrer kompromisslosen Gleichberechtigungs-Formulierung. Dabei hat sie, wie erst lange nach ihrem Tod erforscht wurde[12], die eigene Rolle wohl ein wenig hoch gespielt und außerdem den von ihr so oft erwähnten „Proteststurm der Frauen" gegen die Ablehnung ihrer, Selberts, Formulierung mächtiger erscheinen lassen als er tatsächlich war. Schlau verstand sie es jedoch, den politischen Gegenwind für ihr Ziel und für ihre Partei zu nutzen: Sie verankerte das Thema ‚Gleichberechtigung' dauerhaft in der Sozialdemokratie. Ihre männlichen Genossen, darunter der gleichaltrige Carlo Schmid – er war Vorsitzender der SPD-Fraktion und des Hauptausschusses im Parlamentarischen Rat – haben Selberts Formulierung, um sie zu retten, gern ein wenig relativiert.

Andere, zum Beispiel der FDP-Mann und spätere erste Bundespräsident Theodor Heuss, gaben in Zusammenhang mit der Diskussion um den späteren Art. 3, Abs. 2 GG ungewollt eine Kostprobe ihres Demokratieverständnisses, als sie meinten, die öffentliche Unterstützung der Selbert-Formulierung kommentieren zu müssen: „Ich möchte draußen nicht unwidersprochen den Eindruck entstehen lassen", so erklärte Heuss, „dass jetzt dieses Quasistürmlein uns irgendwie beeindruckt und uns zu einer Sinneswandlung veranlasst hat." Und dann behauptete er: „Denn unser Sinn war von Anfang an so, wie sich die aufgeregten Leute draußen das gewünscht haben."[13] Plötzlich stimmte auch der hessische Christdemokrat Walter Strauß in den Chor derer ein, die behaupteten, schon immer für gleiche Rechte von Frauen und Männern gewesen zu sein: Es sei seit der Verabschiedung der Weimarer Verfassung im Jahr 1919 die Gleichberechtigung allen deutschen Männern so selbstverständlich geworden, dass ihn die heftigen Debatten darüber 30 Jahre später überrascht hätten. Gleichviel – die Mehrheit entschied sich schließlich für die Selbert-Formulierung.

In der 42. der insgesamt 59 Sitzungen des Hauptausschusses konnte Elisabeth Selbert nicht umhin, den Sinneswandel der meisten ihrer Ratskollegen süffisant zu kommentieren: „Wir quittieren mit Genugtuung, dass die Vertreter – insbesondere der CDU – jetzt eine solche Stellung einnehmen und nicht mehr ‚ja aber' , sondern vorbehaltlos ‚ja' sagen." Allerdings fügte sie ernst hinzu: Das Problem der Gleichberechtigung von Frauen und Männern verdiene „keineswegs die Lächerlichkeit, mit der es vielfach behandelt wird". Und zum Schluss appellierte sie an die Frauen, sie mögen künftig ebenso viel Interesse an anderen gesellschaftspolitischen Themen nehmen wie an der Formulierung des am 18. Januar 1949 beschlossenen Art. 3 GG: „1) Alle Menschen sind vor dem Gesetz gleich. 2) Männer und Frauen sind gleichberechtigt. 3) Niemand darf wegen seines Geschlechts, seiner Abstammung, seiner Rasse, seiner Heimat und Herkunft, seines Glaubens, seiner religiösen oder politischen Anschauungen benachteiligt oder bevorzugt werden."[14]

Der Kampf geht weiter

Es erwies sich als überaus vorausschauend, ja als weise, dass die Mitglieder des Parlaments auf Betreiben Elisabeth Selberts auch die schon erwähnte Übergangsregelung ins Grundgesetz haben schreiben lassen: Art. 117 GG verpflichtete den späteren Deutschen Bundestag, das Gleichberechtigungsgebot – das dritte von 19 unveräußerlichen Grundrechten – zügig in geltendes Recht umzusetzen. Längstens bis zum 31. März 1953 musste die Gesetzgebung also angepasst werden; andernfalls musste Art. 3, Abs. 2 des Grundgesetzes als unmittelbar wirksames Recht angewendet werden. Elisabeth Selbert: „1953 wurde im Bundestag der Versuch gemacht, diese Frist zu verlängern. Ich hatte dafür Verständnis, das will ich einräumen, dass der Deutsche Bundestag eine Menge Aufgaben vorfand, die für viele Mitbürger an erster Stelle rangierten." Selberts Parteigenossin Herta Gotthelf äußerte dazu in einem Zeitungsinterview eine entschieden andere Meinung; sie lehnte im Namen der SPD eine Fristverlängerung ab. Trotzdem bezeichnete sie den von Regierung und Parlament nicht eingehaltenen Termin als „historischen Tag für die Frauen", denn „an diesem Tag wurde die Bundesrepublik Deutschland der einzige Staat in der Welt, in dem alle Gesetze, die der Frau mindere Rechte als dem Mann einräumen, gegen die Verfassung verstoßen"[15].

Mit Blick auf Geschlechtergerechtigkeit und Verfassungstreue hatten kompetente und engagierte Frauen das BGB bereits im Vorfeld des 31. März 1953 auf all jene Paragrafen überprüft, welche dem Gleichberechtigungsgebot noch immer widersprachen, zum Beispiel - um die damaligen Verhältnisse ein wenig anschaulich zu machen - das Alleinentscheidungsrecht des Ehemannes über den Wohnort der Familie und die Ausstattung der Wohnung, oder das Recht des Mannes, ein Arbeitsverhältnis seiner Ehefrau zu gestatten, zu verbieten und auch zu kündigen, oder die Ausbeutung von verheirateten Frauen als kostenlose und nicht versicherte Arbeitskräfte im Betrieb ihrer Ehemänner. Außerdem besaßen Mütter selbst hinsichtlich ihrer Kinder keine gleichen Rechte wie die Väter: Waren sich die Eltern bei Fragen der Erziehung ihrer Kinder nicht einig, dann besaß der Vater das alleinige Entscheidungsrecht - der berüchtigte Stichentscheid des Mannes. Und der bestand fort, nachdem sich der Bundestag mit vier Jahren Verspätung mit Art. 3 GG endlich befasst hat. Dabei hatten auch hier die Gerichte seit Ablauf der Übergangszeit längst im Sinne des Grundgesetzes entschieden, den Stichentscheid des Mannes als verfassungswidrig gewertet und folglich für ihre Urteile nicht mehr angewendet.

Der Kampf ging noch lange weiter. Frauenorganisationen, insbesondere Gewerkschafterinnen, wiesen immer wieder auf Defizite, auf den von ihnen so bezeichneten ‚gesetzlosen Zustand' hin. Viele von ihnen unterstützten einzelne Frauen bei Verfassungsklagen.

Im Bundesverfassungsgericht besaßen sie eine kompetente und einflussreiche Fürsprecherin: Erna Scheffler. Die in der NS-Zeit mit Berufsverbot belegte Juristin hielt im September 1950 auf dem 38. Deutschen Juristen-

Erna Scheffler, erste Frau am Bundesverfassungsgericht - Bildnachweis: Bundesregierung / Rolf Unterberg

tag in Frankfurt am Main einen Vortrag mit der Fragestellung: „Die Gleichberechtigung der Frau - In welcher Weise empfiehlt es sich, gem. Art. 117 des Grundgesetzes das geltende Recht an Art. 3, Abs. 2 des Grundgesetzes anzupassen?"[16] Das war ein wegweisender Vortrag, der stark mit der Biografie der Referentin zusammenhing. Erna Scheffler, nur drei Jahre älter als Elisabeth Selbert und, wie diese, in ihrem neunzigsten Jahr gestorben, hat die Benachteiligung von Mädchen und Frauen um die Wende vom 19. zum 20. Jahrhundert in schulischer und akademischer Ausbildung ganz ähnlich erlebt wie Elisabeth Selbert. Und beide Frauen waren nicht bereit hinzunehmen, was die Gesellschaft jener Zeit ihnen zumutete. Sie wurden Juristinnen, um diese Gesellschaft verändern zu helfen. Und sie wurden beide tätig in sehr bedeutenden Positionen. Erna Scheffler hat sich mit ihrem Vortrag auf dem Juristentag von 1950 als Bundesverfassungsrichterin empfohlen: Im September 1951 wurde sie in dessen zwölf Mitglieder zählenden Ersten Senat nach Karlsruhe entsandt. Die umfassende Gleichstellung von Frauen in allen Bereichen des Lebens blieb Schefflers Schwerpunktthema. Erst 1963, mit 70 Jahren, schied sie aus. In ihrer gesamten zwölfjährigen Amtszeit blieb sie die einzige Frau an diesem höchsten deutschen Gericht.

„Es gibt eben noch Dinge, die man schaffen muss"

Für das Amt, welches Erna Scheffler am Bundesverfassungsgericht be-

Elisabeth Selbert (rechts) mit anderen Delegierten auf einem SPD-Parteitag- AdsD/FES / Edu Düwel

kleidet hat, hatte auch Elisabeth Selbert großes Interesse gezeigt. Aber ihre Bemühungen um ein hohes, gar ein höchst richterliches Amt scheiterten ebenso wie ihr Wunsch, für ein Bundestagsmandat aufgestellt zu werden.

Ihr fehlte die Unterstützung der eigenen Partei. Das hat sie geschmerzt. Dass in den 1970er Jahren, bei den Beratungen zur endlich möglich gewordenen Reform des Ehe- und Familienrechts, mithin auch des Scheidungsrechts, weder sie persönlich noch ihre Doktorarbeit über Ehezerrüttung als Scheidungsgrund zu Rate gezogen worden ist, hat sie zur Kenntnis genommen und in kleinem Kreis aus gegebenem Anlass gelegentlich diskutiert, öffentlich jedoch nie kommentiert.

Dabei hätten allein ihr scharfer analytischer Verstand und ihre immer auf Klarheit und Eindeutigkeit bestehende Ausdrucksweise jedem Beratungsgremium gut getan. Aber womöglich trugen gerade ihre hohe Kompetenz im Juristischen und im Politischen sowie ihr schnörkelloser Diskussionsstil, ihr Scharfsinn, ihre pragmatische Suche nach politischen Verbündeten, zuweilen auch außerhalb ihrer Partei, dazu bei, dass sie nicht wie der Typ Frau wirkte, den man gern unterstützte. Hinzu kam, dass es nicht wenige Menschen gibt, die sich schwer tun mit klugen, selbstbewussten, niemals verbindlich lächelnden Frauen. Dass sich Elisabeth Selbert, wie ihre Enkelin Susanne Selbert anschaulich geschildert hat[17], im Privaten, unter Angehörigen und Freunden, ganz anders

Im Familienkreis: Elisabeth Selbert (2. von rechts) im Sommer 1952 in ihrem Garten – AddF; NL-P-11, A-F1/00294

gab, dass sie ihren Angestellten gegenüber eine fürsorgliche Arbeitgeberin war, dass sie nach dem Tod ihres Mannes Adam Selbert das Zentrum der großen Familie blieb, dass sie die Natur, besonders den ausgedehnten Garten, liebte - diese Seite sah die Öffentlichkeit ja nicht.

Sie zog sich ab Mitte der 1950er Jahre allmählich zurück von ihren politischen Aktivitäten; 1958 hatte sie kein politisches Mandat mehr und widmete sich ganz der Arbeit in ihrer Kanzlei. Sie widmete sich allerdings auch intensiv ihrem Mann, dem sie, vor allem in ihren jungen Jahren, so viel an Förderung und Unterstützung zu danken hatte. Adam Selbert war 1933 aus mehrwöchiger KZ-Haft als zuckerkranker Mann nach Hause zurück gekehrt. Zwar wurde er nach 1945 als Kommunalbeamter wieder eingestellt und tätig, aber in späteren Jahren litt er in immer stärkerem Maß an dieser chronischen Stoffwechselerkrankung. Hoch geehrt starb Adam Selbert bereits 1965 in Kassel - mehr als zwei Jahrzehnte vor seiner Frau Elisabeth. Die führte ihre Kanzlei noch als über 80-Jährige. Ein Augenleiden, der Graue Star, zwang sie schließlich zur Aufgabe ihrer Anwalts- und Notartätigkeit; Operationen hatten nur wenig Besserung gebracht.

Im letzten Drittel ihres langen Lebens erlebte sie noch viele Ehrungen durch ihre Heimatstadt und durch das Bundesland Hessen.[18] In der Rückschau äußerte sie sich - allen Unzulänglichkeiten zum Trotz - stolz und froh über das Erreichte: „Der Gleichberechtigungsgrundsatz ist nie wieder aus der Verfassung rauszukriegen. Nie wieder! Ohne ihn wären alle Reformen, die uns heute Selbstverständlichkeiten sind, nicht möglich gewesen: die Abschaffung des Patriarchats durch das neue Ehe- und Familienrecht, die Änderung des § 218, das neue Namensrecht, die prinzipielle Lohngleichheit, die gleichen Bildungsmöglichkeiten für Jungen und Mädchen, jedenfalls gesetzlich." Und dann: „Es gibt eben noch größere und kleinere Dinge, die man schaffen muss. Das ist die Sache der Frauen bei den Wahlen!" Diese „größeren und kleineren Dinge" zu „schaffen", also nach der gesetzlichen auch die tatsächliche Gleichberechtigung vollständig zu erreichen, erwies sich und erweist sich noch immer als enorm beschwerlich. Es war zum Beispiel juristisch hoch umstritten, ob es zulässig sei, der fortbestehenden Benachteiligung von Frauen - vor allem auch deren mittelbare Dis-

Mit einem der Originalexemplare des Grundgesetzes: Elisabeth Selbert 1978 in ihrer Wohnung in Kassel - Foto: Antje Dertinger

Elisabeth Selbert, im hohen Alter sehr sehbehindert, 1984 mit ihrer Enkelin Susanne Selbert - AddF; NL-P-11

kriminierung - mit Hilfe etwa von Quotierungen und Förderprogrammen zu begegnen. Schließlich ist im Rahmen verfassungsrechtlicher Debatten während des deutsch-deutschen Vereinigungsprozesses Art. 3, Abs. 2 GG mit deutlicher Mehrheit um einen Satz ergänzt worden: „Der Staat fördert die tatsächliche Durchsetzung der Gleichberechtigung von Frauen und Männern und wirkt auf die Beseitigung bestehender Nachteile hin."[19]

Über das Wie sagt die Ergänzung des Gleichberechtigungsartikels freilich nichts aus.

Elisabeth Selbert hat dies nicht mehr erlebt. Sie starb, kurz vor ihrem 90. Geburtstag, am 9. Juni 1986. - Ob sie die Ergänzung befürwortet hätte? Jedenfalls hatte sie mit Unterstützung vieler weiterer Frauen die Basis geschaffen. Das betrachtete Elisabeth Selbert „ohne enthusiastisch werden zu wollen, aber wenn ich ehrlich bin, als den Höhepunkt meines Lebens. Abgesehen von der Geburt meiner Kinder, abgesehen von einer glücklichen Ehe, war das doch der Höhepunkt meiner Tätigkeit in Politik und Beruf; denn ich saß plötzlich an einem Schalthebel. Dieser Schalthebel, an dem ich gesessen habe, der hat mich nicht immer glücklich gemacht. Aber im Grunde genommen sind alle Reformen, die inzwischen auf vielen Gebieten durchgesetzt worden sind, damals eingeleitet worden: mit dem Gleichberechtigungsgrundsatz im Grundgesetz."[20]

Ehrengrab von Elisabeth Selbert (rechts). Auch Adam Selbert und der Sohn Herbert (linker Stein) sind hier bestattet – Wikimedia Commons / Foto: Kai Oesterreich

Quellen und Anmerkungen

1 Der Rat der Volksbeauftragten verkündete am 12. November 1918 mit Gesetzeskraft u.a. das Frauenwahlrecht, Franz Osterroth, Dieter Schuster, Chronik der deutschen Sozialdemokratie, Bd. 2, S. 10, Bonn 1975. (Heute sind Gesetzestexte und andere Dokumente längst in zahlreichen Datenbanken im Internet zu finden. Dennoch gibt die Autorin jene noch immer verfügbaren Quellen an, die sie zu einer frühen Arbeit über E. Selbert herangezogen hat.)

2 Die Autorin hat mit Elisabeth Selbert in deren Haus in Kassel an zwei Augusttagen des Jahres 1978 ausführliche Gespräche über ihr Leben und ihr Wirken geführt und sie anlässlich einer Vortragsveranstaltung noch einmal im März 1980 in Bonn gesprochen. Zitate Elisabeth Selberts, die im Folgenden nicht mit Fußnoten versehen worden sind, entstammen sämtlich den Tonbandaufzeichnungen dieser Gespräche; sie sind bereits in mehreren Publikationen der Autorin veröffentlicht worden, u. a. in: Antje Dertinger, Elisabeth Selbert – eine Kurzbiografie, Wiesbaden 1986, und, aktueller, in dieselbe, Elisabeth Selbert – Ein selbstbestimmtes Frauenleben, in Hans Eichel, Barbara Stolterfoht (Hg.), Elisabeth Selbert und die Gleichstellung der Frauen – Eine unvollendete Geschichte, Kassel 2015

3 SPD Kassel (Hg.), Zehn Jahre Revolution, Kassel 1928, Archiv der Stadt Kassel

4 Stenografische Berichte über die Verhandlungen des Verfassungsausschusses und die Plenarsitzungen der Verfassungberatenden Landesversammlung Groß-Hessen, Wiesbaden 1946, Landtagsbibliothek Wiesbaden

5 ebd.

6 ebd.

7 Stenografische Protokolle des Hessischen Landtags, Landesbibliothek Wiesbaden

8 ebd.

9 Zum (partei-)politischen Zusammenspiel von Elisabeth Selbert und Herta Gotthelf siehe ausführlich Karin Linne-Gille, Verdeckte Strategien - Herta Gotthelf, Elisabeth Selbert und die Frauenarbeit der SPD 1945-1949 (Diss.), Bonn 2011

10 Rudolf Schuster (Hg.), Deutsche Verfassungen (neu bearbeitet und erweitert), München 1992, S. 192

11 Schuster, Verfassungen, S. 269

12 Karin Linne-Gille, Abgelehnt!, in Eichel, Stolterfoht, siehe unter 2, S. 29 ff.

13 Johannes Volker Wagner (Hg.), Der Parlamentarische Rat 1948-1949, Akten und Protokolle, Boppard am Rhein 1975

14 Schuster, Verfassungen, S. 214

15 Zeitungsinterview mit Herta Gotthelf, 15. April 1953. Archiv der sozialen Demokratie (AdsD), Friedrich-Ebert-Stiftung Bonn

16 Deutscher Juristentag (Hg.), Verhandlungen des 38. Deutschen Juristentages in Frankfurt am Main 1950, Tübingen 1951, darin u.a. die Rede Erna Schefflers zu Fragen der Umsetzung von Art. 3, Abs. 2 GG

17 Susanne Selbert, Das Haus am Brasselsberg in Eichel, Stolterfoht, siehe unter 12, S. 81 ff.

18 Zu den Ehrungen zählen u.a. das Große Bundesverdienstkreuz (1956), der Wappenring der Stadt Kassel (1969), die Wilhelm-Leuschner-Medaille des Landes Hessen (1978), die Schaffung des Elisabeth-Selbert-Preises des Landes Hessen zur Würdigung von Autorinnen, die im Sinn der großen Kasseler Juristin und Politikerin publizieren (erstmals 1983), die Ehrenbürgerschaft der Stadt Kassel (1984) sowie - inzwischen bundesweit - viele Benennungen von Straßen, Plätzen und vor allen Dingen von Schulen nach Elisabeth Selbert.

19 https://www.gesetze-im-internet.de/gg/art_3.html

20 Erinnerung: siehe unter 2

Weiterführende Literatur (Auswahl)

Böttger, Barbara: Das Recht auf Gleichheit und Differenz - Elisabeth Selbert und der Kampf der Frauen um Art. 3 II Grundgesetz, Münster 2000

Dertinger, Antje: Die bessere Hälfte kämpft um ihr Recht - Der Anspruch der Frauen auf Erwerb und andere Selbstverständlichkeiten (darin u.a. ein Selbert-Porträt), Köln 1980

Dies.: Elisabeth Selbert - eine Kurzbiographie, Hessisches Frauenministerium, Wiesbaden 1986

Eichel, Hans, und Stolterfoht, Barbara (Hg.): Elisabeth Selbert und die Gleichstellung der Frauen - Eine unvollendete Geschichte, Kassel 2015

Hessische Landesregierung (Hg.): „Ein Glücksfall für die Demokratie" - Elisabeth Selbert (1896-1986), die große Anwältin der Gleichberechtigung, Frankfurt am Main 1999 und Wiesbaden 2008

Gille-Linne, Karin: Verdeckte Strategien - Herta Gotthelf, Elisabeth Selbert und die Frauenarbeit der SPD 1945-1949, (Diss.) Bonn 2011

Hessisches Sozialministerium (Hg): Wind unter die Flügel - Der Elisabeth-Selbert-Preis und seine Preisträgerinnen von 1983 bis 2003, Wiesbaden 2005

Notz, Gisela: Frauen in der Mannschaft - Sozialdemokratinnen im Parlamentarischen Rat und im Deutschen Bundestag 1948/49 bis 1957, Bonn 2003

Schüller, Elke: Wer stimmt, bestimmt? Elisabeth Selbert und die Frauenpolitik in der Nachkriegszeit, Wiesbaden 1986

Blickpunkt Hessen

In dieser Reihe werden gesellschaftspolitische Themen als Kurzinformationen aufgegriffen. Zur Themenpalette gehören Portraits bedeutender hessischer Persönlichkeiten, hessische Geschichte sowie die Entwicklung von Politik und Kultur. Hrsg.: Angelika Röming. Bisher sind erschienen und bei der HLZ zu erhalten:

Blickpunkt Hessen 1:	Erwin Stein – Mitgestalter des neuen Bundeslandes Hessen
Blickpunkt Hessen 2:	Fritz Bauer und die Aufarbeitung der NS-Verbrechen nach 1945
Blickpunkt Hessen 3:	Carl Ulrich – Vom sozialdemokratischen Parteiführer zum hessischen Staatspräsidenten
Blickpunkt Hessen 4:	Die Gründung des Landes Hessen 1945
Blickpunkt Hessen 5:	Eugen Kogon – Ein Leben für Humanismus, Freiheit und Demokratie
Blickpunkt Hessen 8:	Oskar Schindler – Vater Courage
Blickpunkt Hessen 9:	Lokaljournalismus zwischen Weimarer Republik und NS-Zeit am Beispiel der Bensheimer Presse
Blickpunkt Hessen 10:	1908: Studentinnen in hessischen Hörsälen
Blickpunkt Hessen 11:	Die Spielregeln der Demokratie in den hessischen Gemeinden – 200 Jahre Magistratsverfassung
Blickpunkt Hessen 12:	Leben und Wirken Georg Büchners und seiner Familie in Hessen
Blickpunkt Hessen 13:	Kleindenkmale schreiben Geschichte: Historische Grenzsteine in Hessen
Blickpunkt Hessen 15:	Als die Synagogen brannten – Die November-Pogrome 1938 in Hessen
Blickpunkt Hessen 16:	„... weit mehr als ein Gerichtsverfahren ..." Der Auschwitz-Prozess 1963 bis 1965 in Frankfurt am Main
Blickpunkt Hessen 17:	Christian Stock (1884–1967) – Arbeiterführer, Sozialpolitiker, Ministerpräsident
Blickpunkt Hessen 18:	Der „20. Juli 1944" und Hessen – Ein Rückblick nach 70 Jahren
Blickpunkt Hessen 19:	Die Karriere einer Ausstellung – 60 Jahre documenta
Blickpunkt Hessen 20:	Die Entstehung der Hessischen Verfassung 1946
Blickpunkt Hessen 21:	Georg August Zinn – Baumeister des modernen Hessen
Blickpunkt Hessen 22:	Philipp Scheidemann – Arbeiterführer und Republikgründer
Blickpunkt Hessen 23:	Ein ermutigendes Frauenleben: Elisabeth Selbert
Blickpunkt Hessen 24:	Ein Leben für Freiheit und Gerechtigkeit – der hessische Zentrumspolitiker Friedrich August Bockius
Blickpunkt Hessen 25:	Revolution über Hessen – Demokratiegründung 1918/19
Blickpunkt Hessen 26:	Starke Hessinnen – 100 Jahre Politikerinnen im Hessischen Landtag